YEVGENIY BREYGER

FLÜCHTIGE MONDE

GEDICHTE

KOOK

FLUT

FLUT

4.

dein imperialer kopf, bis hierhin hat er keine grenze
ausgeschunden. er wäre gerne roh – zum samstag plump – als show,
die dialekt verspricht. ich trau dir jedes wegs nicht drüber, frohnatur.
mein leben zieht vorüber als ein wiesel und vergilbt, gewiss

wir können in der ferne schaukeln, hinaus: im garten – trübes wetterfühln –
erklimmt ein berg sich selbst. und doch
ein kopf – gelobt sei dank – du darfst ihn kämmen.
dein mumpsgesicht ist tief und rau. und regen? (reg dich nicht auf)

es regnet ständig meteore (all sei dank). und wenn
ein fänger nun partout nicht fangen will, erlebt er alles doppelt
schnell, das heißt den flug des balls und die erinnerung daran.

5.

metall, verbrauchtes – auen, wiesen – kind. mein lieber, trost
ist kaum zu spüren. ein wind wirkt plastisch, greift er uns ins haar –
ein blick genügt – wir wissen: noch am morgen wurde schnee geschippt,
die traktorwurst am spurrand, querfeldein. eine ente fliegt vorbei.

es zieht nach osten, sicher (wissen wir das oder riechen).
uns schwebt bewölkter himmel – blond und sacht –
in dämmerstand, er wiegt sich sanft im rechten winkel deiner nase.
ich will nicht rügen. einen festschmaus, bitte, in folie

zum warm nachhause tragen. einen gerstenkuchen, mmh – aus auserlesner
gerste – dass auch das korn schmeckt wie geordnet. du hast es mir
als wurzel auferlegt, verbal – aber das macht nichts – denn –
ich lieb dich nicht.
ich liebe nur den mond mit seinen weizenaugen, ich lieb den mond, den mond,
den mond.

6.

du wirst den skyline – feger, schirmstoff – mond vom himmel holen.
ihm lauschen, phänomen (erregung folgt). dann rauschen,
liebessorgen. welche braut? im dickicht haust kein unterschlupf,
kein nest hebt ab. hochobenwolke – flaggschiff – zöpfchen.

halt dich am kleidsaum fest, so recht weiß niemand – schmäh von gold –
am rock trabantendeuten. dann folgt ein blatt, um nicht von blattbefall
zu sprechen. beiseite, bau, gewisse handkusspartitur,
und raus in die natur – hinaus der rede – tausumpf, faltenrose, hose

– die saat sei stark – was sei ein abschlag schon – erbarmen, rar –
am gartentor lehnt eine sense. besing den skylinekönig – mond.
erkennst kein drama. saufen, hirngespinst, dein könig
schmeckt nach schoß, ah ja? am boden büffelgras, ganz gelb

von deinen projektionen, sammelt tau. und ab ins – haft, art, hafen –
album eingeklebt. entkommen! kann keinem sumpfgottmythos glauben.
erst frost, dann jungfrau, abbitte erklärt. was hastest du (wohin zeigt deine hand)?
– bald winterwärts – natur erträgt auch lehm. das fühlt nur keiner.

7.

die spinne fackelt, schlingt nicht lang. am tresen – plastikraupe, du
(im gras) empfängst die göttliche geburt (empfangen). saum am schwanz.
von nebeln – nibelungenschwaden – ein raupenarm umhüllt, versanden.
in alle richtungen gezuckt, sirenengleiches zirpen.

– bewegungsmelder, phlegma oder mehr – wer ist das kind und wer
die amme? dann wird das kleine rausgeholt – so dünnhaft dünn – von kopf
bis hals gelähmt, ein mündel nur. und dann steigt rauch auf. zuerst,
selbst kunststoff folgt der zeit (verfall), konstrukte folgen den figuren –

die spinne aber nicht, die spinne

atmet nicht, verlernt das substanzielle. ein wünschelblick, das paar
– noch immer kunststoff – übersteht die säumige klausur. oh, raupe!
erhaben bist du auf der welt, kein hohler fleck,
der zwischen den planeten kreist – umhin kein kreis – kein schlucken

(rachenarm dazu). die raupe wird von schlafsand – kurz gelockt – umgarnt,
ein aufgewölbtes kind. geburt verbaut. man setzt zwei punkte
auf ein rindestück (gezeiten) – korrekt, sehr gern sogar – und dann?
bei unbestimmter höhe ist der fall gewiss, nur spinnen – fest, verfall.

8.

oase – schwanger sein – benimm dich. ein korken schlüpft
von flaschen ungesehn – schon vorbei – (so schnell kanns gehn).
er schlingt sich um die schenkel. ganz ohne quark
wird auch der feiste schlank. ob hangeln oder hängen.

man nimmt sich vor – ein jahr zur brust – dann bleibt das lachen aus.
für süßere gewässer. die suche muss kein brunnen sein,
nicht einmal brunnenähe ist gewiss – korrupte seuche.
die winde wird in ebenmaß gemessen, entlang des schafts

unsagbar schwer (die wunde). fürs messen bleibt dir morgen zeit,
vergiss die leinen nicht. benimm dich. spalten eins und zwei.
ein ungeteiltes essen ist ein raues essen (im magen länger warm).
bekannte schmelze. zusammen draht ums kreuz gespannt, vor scham

nicht halten können. abfluss, osmotischer befund, er gleicht dem wasserpegel
– null – ein krater, pur und einschlagfern, er wurde abgezählt (geschlagen).
ein reim, zwei kinder sparte unerhört. und holzspan, weiche rutsche zeit.
ein haus muss wohnung sein zugleich, das gilt nicht umgekehrt.

9.

die welt war menschenleer, ein stern. aus kristall entlegene
stärke (apathisch). ein feigling – hier strandgut – taucht auf. sein blick
aus der nacht. aus dem nächtlichen dunkel. gestanden – als linie verdächtig –
(keine frage) ich erkenne ihn als den, der er ist. rentner. überschreitet

den zigsten zenit. – ferne, lumpig – schnitt.
auch er erkennt mich: ja, ich glaube, ihr seid alle junge teufel. ich glaube ...
schnell wegsehn. vögel im spiegel. chaos. (die blicke
gekocht und auf zuruf gebärden). abseits ein kuckuck.

starr wie ein truthahn – wie üblich – ein blasser begleiter. zumeist
krummer rücken (nicht ganz so wie ich, aber fast).
eher laster. wir folgen ihm nun bis zur krone (flieg, vogel), dann regen.
einmal mehr regen. das kann schon passieren. und hirte?

die pappel? die eiche? – beachte das gleiche – eine welt
ohne gründlichkeit – obacht, geständnis – eine grünwelt? nein, danke.
oder war er ein storch? augenscheinlich vertauschen wir federn
und blätter: eine falle spricht für sich. ein storch für die andern.

10.

flieder flieder, senk dein mieder. holprig hängt der schurke sich
an deinen ast. lebt auf anhieb folgenlos. auf bäume kein verlass.
die farbe trägt ihn ab (daher die ganze schweinerei). er fertigt sich
ein goldiges birett. – liebkosung – stürz dich nieder. alternativ

geh doch zu grunde vor der schlucht. was ist uns fremder
als ein mensch, der sich im blütenblatt erkennt. und näher.
ob flieder oder apfel (versuchen kannst du's ja), das prasselt ab.
zurück zum schurken. rüschenkleid, birett, die träger

schief verschlungen. raucht. wer sich ertappen lässt,
hat andre kleider an (gewiss).
und welche äste, entscheidest du für dich. ein bäumchen
weint um die entscheidung. nicht jede wehe kündigt neues an.

doch jeder fromme apfelbaum kann was dafür. versuchen wir
das aufzubröseln: flieder, schurke, ihre versöhnung.
sie klebt sich fest. hält keinem wind statt – regung, laub – zer
streuung. sie ist dein erster feind und dann

zerstreut sie sich (verewigt). woher die ahnung kam – als förster
hackte, hackte – die äste, arme, alles gleich, verbleicht
ein unterschied im scheiden. von vorne: blaues licht.
moment, das will doch niemand (schurke), flieder dich.

11.

die see hat tausende gesichter. zumeist gehorchen sie dem mond.
ein schritt zurück: sind wessen sklaven? wogen drüber. auf wasser wandeln
zwei gestalten, eng umschlungen. wabern (zwei abgesprungene womöglich).
sind pflichten, mir nicht zuzurechnen – hakenhände – euch beide

ruf ich an. versteht sich – mein kasperkuss – die erde hat längst ausgedient,
umzäunt von herrenlosen wellen (woher die kommen). ach, wenn der wind
ein schurke wäre, wenn gezeiten ... klappe drauf. gewiss gleicht ein gesicht
in keinem fall dem zweiten (wird einerlei vom wind umweht). uns bleibt

nichts anderes zu grabe zu tragen als die liebe – alles soll durchlebt sein –
die zwei bestallten: mond und mord. die woge trifft in keinem fall genau,
denn ein gerücht macht kein geschlecht (das wissen beide). der mord des försters
am olivenbaum verschwimmt. auch dessen öle. wie weit es gehen kann,

kennt jedes haargenau (ihr flüssiges vermächtnis). kein öl ist ebbe
unterworfen, nur schwirrendem getier bei einem vogelflug. nicht einmal
ebbes antrieb: flut. zuallererst ein bote, dann (das weiß ein öl aus dem effeff)
ein boot. gerade hatte der olivenbaum gelernt auf wasser zu verzichten – ganz –

direkt zum sternenkönig, hoch gen himmel. ohne umweg, ohne schein.
zugleich ein mond und see zu sein. sie sind am rhythmus ihres wachsens
unterscheidbar. das strahlt mir aus dem stern entgegen: herz ist wurzel
(schlägt), gewiss die richtende gestalt. ein klumpen puls an puls.

12.

sie nehmen dieses pferd zur frau. ich bitte zum gebet. es kann
beliebiger natur entschwinden – leidet, wiehert – ein brauch des alten
orions (adonis). nennen sie ihn seuche. auch bitte seuchenherd,
beklemmend und kokett. der groschen fällt schon sichtlich schief.

zwar skeptisch, aber lange noch kein balg. karauschen
liegen mir zu füßen. als abbild – aversives zucken – lecker.
und diesmal reicht die gerste nicht fürs brot. es gilt, sich brocken
abzuschürfen (faule plocken), rinde nämlich: das ist der unterschied

von knust zu knust – von a zum neuen a – es kommt
auf den betrachter an. auf seine flugbahn – pferd beiseite –
lächeln freilich, die mähne für ein foto aufbereitet (niemand
glänzte ehrlicher dafür). hier werden matte seiten aufgezogen.

sie biegen sich seit langem gern gegen die strömung – borsten –,
verrückt, wie pferde sich um laute streiten, das rechnet keiner aus.
sie fliegen nämlich achten. betrachten sie ihr selbstporträt (mit hut
und möhrchen). bereichern sie die szenerie. hier ist meine auge,

– kochen sie es ab – mir reichen meine andren drei (ein koch
braucht selten nüstern). redewendung. laufschritt. ein glas taucht auf.
was ich von ihm erwarte: es sieht durch mich hindurch. man taucht
den knust ins wasser, um ihn zu ertragen (dann wäscht man

das geschirr ab). lieber zweimal. vergessen sie nicht zu essen.

EBBE

EBBE

13.

kaum trete ich auf, straffen sich die glieder der menschen im raum.
ich liege im draußen. ein lebemann im anzugskleid. geleit ins freie?
kaum. ein oft gesäumtes kleid, man nennt es altertümlich achterbahn.
holzvertäfelt. für mich ersuchte wand. der mann bezieht es

notgedrungen unterm anzug als gewand. wir beide nutzen es
als lager – von anfang an die fäden raffen – das glied ist die person,
die reden kann. bleibt stumm. was innen haust, will innen bleiben.
von außen riesenrad wahrscheinlich, oder fahrrad. kabinen

reiben, sattel schleifen, falls er da ist. so der auftrag. und dann,
steig ein, wo's dir beliebt. das heißt, vor allem nach statistik. listig,
seit gestern hängt der sattel nicht am rahmen. das fuhrwerk
widersetzt sich der erwartung, achtsam. mach langsam. langsam.

14.

waggons in reihen. außen-innen-schlange. gelegte freude,
bahn als loser aufzug – aufzug dient als traumfigur –
ein tunnel, der zum loch führt: ich schreie dir verführungen
ins ohr. solang's gen himmel schlingt, die sollbruchkante.

sieh dich vor, nach dem dessert folgt für konkrete gäste
wahre nahrung. mit zuckerwatte fährst du nicht verkehrt.
und bifi. rasch weiter. hast du ans besteck gedacht?
das wäre dein milieu als gast. nomadengäste essen reste.

aus fischen gräten. steinobst aus dem stein. zurecht-
geschnürte blicke räumen das bankett auf. bankett
als deine fahrt. die fahrt als dröhnung (drohung).
gröbstes wurde selten aufgetischt. da fällt's dir ein:

ganz oben willst du nicht alleine sein. nächste runde.
waggons in reihen. bahnen, schlangen. und immer noch
kein fenster raus. innenansicht. oben angekommen: nonnen.

15.

verdränge den panzer. im moment hat das schlichte vorrang.
ich erblicke einen hang, darunter eine seilwand. sicherung,
tarnkappenmuster. sumpf. entsichern, kichern im sturzflug.
beim klettern gelbe knöpfe drücken. ein trainer

hat sich selbst gesichert, glänzt dich an. drumherum theater.
wie jeden andern, ziehe ich mir diesen rucksack an.
hechle artig. die sicherungsseile schmecken metallisch.
laufende nase und weitre tränendrüsen. exzessiver

himmel als altersweise prozedur (mimt wolkenritual).
am boden beschriftete zelte, „klettern für eltern ermäßigt.
kinder zurück in ihre betten, besonders die fetten. 5,90 €“.
ich stülpe mein folgendes klettern darüber. haltlose taktik.

wer mitmacht, versteht was mit absicht. die betrachter
drumrum, jetzt so aktiv wie erwartet. mit handschuh
im ring ein wenig verschnaufen. hinter mir augen,
die durchscheinen. spießen mich auf, als wär ich aus plastik.

im fallen inbegriffen. drastisch.

16.

jodiertes vergnügen im urmeer. fische brillieren abseits.
ein kasten aus plastik kann glas sein. handflächen schwitzen
in rillen. drück sie ans glas. das ist schicksal.

beklommene gäste im anmarsch zur wildschau.
mit angeklebten kiemen, halten die luft an. blasen zum angriff,
seepferdchenbadekappen. schlagartig raues verlangen.

ein luftballon platzt. slow-motion. delfine türmen sich streng
bis zur decke. dann klirren. ein riss zieht sich rücklings
durchs becken. stille. ziehe mit fingern am strich lang.

nägel schmieren, kasten gesichert. lächelnder walfisch.

17.

abgestandene laufwege füllen den abend.
alles könnte beliebiger sein, oder stückchen konstant.
ich reiche ihnen einen coupon in die hand.

durch die schalter und umziehn. betupfen sie ihre rücken
mit shampoo (schlüpfrige trachten werden erwartet).
ob mann oder frau: bart ab. alles flüssige

mischt sich mit anstand. hand aufs herz. sie sehnen sich
nach rückenschmerzen, cholera, allem, was anmacht.
auswendiglernen gegen beschwerden. chlor im ohr.

ein coupon ist ein anfang. gebrauchsanweisung auf türkisch.
bild eines tankers mit wassergebrechen. im ton
vergreifen. auslaufvertrag unterzeichnen. alltag.

18.

hochgeschossenes gesicht, schiefe lippen
bilden ein kreuz. leicht zu haben. klappt sich
selbst zusammen, erwischt beim überblick.
riskiert pigmentlose flecken, hält sich zurück.

maschinen, die nacken umschwirren. menschen
bestaunen die herrliche aussicht. haifisch-
gesicht am propeller. legende um legende der
sonne entgegen. stilisten im pulk. frisieren motoren.

treibjagd. grinsende babys, bereitschaft.
feuerwehrwagen verfolgt von nem t-rex.
niemand über 1,40, besprechen geheimplan.
einhorn. harter exzess. zentrifugalkraft.

männer pflücken beeren: erste-hilfe-methode.
betonblock. farbenblinde sträucher. handlungs-
lücken pflegen. ein rosiges leben zerstampfen
zu sülze. die kostbaren stellen fetten, beben.

19.

tapferer wecker, der tapfere wecker bezirzt. dasselbe mit einfachem
umgang. den mondlauf verfolgen nach einem geregelten zeitplan,
asymmetrisch. fraglich. wer aufwacht, reichert stoff an. bettet sich weich,
aber nicht wolkig-weich. wolken werden missachtet. morgens
helfen libellen beim zirkulieren von luft, erlesener duft nach zitrone,
angedeuteter tau. jemand stolpert im krebsgang über die ampel.
wird mitgerissen. das erste auto ist meistens das schnellste. die beste
freundin niemals die hellste. im abspann von einem betrugsfall reden
mit moped. linker blinker. die taffen am frühstücksbuffet erkennen.
fettarme milch als oberste zutat, hummer, exotisches obst und blüten.
die wolken ergeben am himmel tüten, schmeichelnder mond.
leseschwäche auf abruf. natürliche verbraucher, gelegenheitsraucher
im fahrstuhl. landinneres, stöckchen. im zimmer hocken.
basisspinnen goutieren die küche. ein kleiner vorgeschmack auf den tag
kann leibliche kosten drücken. was nicht schmeckt, wird versteckt.
lebenslang wahn, span. spuren von rost in rohkost entdecken. zecken.

20.

elefantentransporte verlaufen bedächtig, fast schwebend.
osmotische höhe, achte auf magneten. fliegen servieren befehle,
magneten lenken. sitze am fenster. von außen nach innen denken.
ein rüssel als kompassnadel. verlagere gewicht. borsten
reflektieren kein licht. schwebe. keusche haben tribünen gepachtet,
einen langen mittag mit hupen und trüffeln. stoßzahn gespitzt wie ne lunte.
in erdnüssen schnüffeln, gelinde gesagt, angst vor arrest.
rezepte für jeden, der ausschweift. äste. unten rast ein zug durch.
pinne einen sicherheitsgurt in den sitz. riesige ohren
in spitzen gesichtern verloren. zehn meter über der erde für sicherheit
sorgen. stressbewältigung, kapital schlagen aus griffigen oden.
bambusbomben für gehege, vergleichbar niesen. dein grauer freund
macht furore. ohne angst vor sirenen, an höhere tonarten kleben.
anständig schminken. schnittige finger, elefantenflanke. unbemerkt
knipsen touristen. absengende hitze. palmenwald. im schatten pranke.

SICH UMDREHN IM TRAUM

SICH UMDREHN IM TRAUM

21.

wolken ergießen sich in nichts. formation lapidarerer wolken.
schrauben, entgegenschrauben von tropik. im licht, nirgends.
niemand sieht mich, mein linsendes auge am wasser. pflügen des wassers.
nichtigkeit. tagelang redebedürfnis. beduinen ins kollaterale, entrinnen.
was regt sich? erklärend und absichtsvoll nacht. nomaden und nummern.
seichterer kummer als sonst. flegelthesen. ich lebe als auftaktbewegung,
minimal möglich. montiertes innensystem, innerei kaputter fresken.
enttanze ziellos am fenster sitzend. reisesynoden entfalten sich,
lethegebadet, gerade im kampf der entfaltung. beobachten mich.
bewerten mich wie jeden anderen, zaghaft, taub und nochmals taub.
seit tagen fällt laub aus den wolken. als kosmos von frühreif. belangend,
erlösend. pagoden des augenblicks. wetter, mephisto im slawischen sinn.
niemand ist da. kein leichtes haar, kein schweres auch. versiegelt
in ein magisches kalkül. zergliedert, noch im aufstieg. ein aufstieg also.
vor allem, ich. wird blasser, sucht den dialog. mit wem verbrüdern?
geräusche, filter ins trikot. geräusche als entkernte minerale. fraglich,
in jeder hinsicht manisch. pioniere, die nie enden. ihr ersterwähltes ziel,
das letztlich forderungen stellt. sie bellend evoziert, sich ziert. ich habe
den moment des absprungs nicht erkannt. ich stand im handstand,
verknüpfte schlichtweg sachlich. also falsch. gab mich der statik nicht hin,
ihrem schönen erliegen. verlebt. ein blindes auge ist ein auge. ist streitbarer
komplott geblieben. komfortbegriff in daunenkissen eingeprägt. umschließen
pranken, in last getaucht, getauft. ergießen sich in nichts. sind fassbar nicht.
sind strahlenkonsistent. kohorten, keimlinge noch vor den wurzeln.
in fieberwellen dellen körper. woran nichts fraglich ist. bloß rauten,
für formeln befunden. doch rauten sind menschlich. paarweise
verdächtig. kohorten pirschen sich im dickicht an, verkleidet,
lachen kaum. als geister fremder zeiten, paralleler. wohin entgleiten?
wohin die aufgeraute haut? die nägel, die vertankten biester.
genome, aufgeräumtes erbgut. im zweifelsfall attrappen. öl in tassen.
farne sehnen sich nach erde, nach nahrung regenloser wut, hygienisch.
vor meinem fell wächst fell. behutsam wickle ich die schleife ein:
in jenes stiefelpaar, in jenes paradigma, das dem lauf entsteigt.
ich spitze zärtlich meine zunge. vergessenspfeile seitlich. rücken-
wandobjekt-verschleifung. ich schule mich in fratzen, bleibe sitzen.

22.

wütender boden, allgegenwärtig. farne entnehmen der aussicht
ihre kulanz. im entgegengleiten hebe ich wurzeln aus. mische
zur basis, bis sie in dreiecksfraktale zerlaubt. pentagramm
auf den rücken gelegt. nichts regt sich im innern. der körper
entledigt sich aller befehle, ranken, konstanter genareale. raubt
gebrauchsspuren der landschaft. die landschaft verzichtet darauf.
geröllbrocken. haufen von nadeln aus fichten gebannt. cluster-
verfaren, das mich an ihre melodik erinnert. ihr kichern, kurz
vorm zerfall. boden. legende vom aufstieg monarchischer igel,
von schlangen, die ernsthafte gürtel ersetzen. warum nicht?
niemand behauptet, ewig zu leben. wer wollte tagein moose
durchstreifen, tagaus moose durchstreifen, ohne geschmack
auf der zunge. ohne zunge. bodenproben mit haaren verwechseln.
der körper hat sich sämtlicher haare entledigt. hat keine kiemen,
kein garnichts. lebt als person. ich schiebe die wurzeln beiseite.
strecke glieder gegen die kernkraft, die kreise zieht, bis sie verwelkt.

23.

lücken im nebel, lücken im gräserverstand. nacht.
die bahnen durchzieht im gedächtnis, meine atmungswege
durchkreuzt. sich weidet, woran sie sich weidet.
ich dramatisiere. ich sah das nie aus der nähe. hielt mich
an furchen, am unterholz, an den kanten deiner augen.
nur waren es nicht deine, keine augen,
bloß schneckenpanzer aus plastik.
ich hielt mich ans angemachte. legte pausen ein.
spalten zwischen den erdplatten bewegten sich zaghaft,
ahmten flugwege der zugvögel nach.
plötzlich sprach ich von neid, verstand die aufgeregten minerale.
labte sandkörner in ihre schalen zurück. keltische ausdauer
vor keltischem kalk. alles belichtet. unvorstellbar im dunkeln.

24.

ihren rand vermehren, ihre menschlichen schritte. nicht
zum spaß. bangen vor einer dunkelbrandung. sie
taucht auf, verschmiert hinter sich staub. versieren,
anvisieren wovon? ansonsten eines dialogs, ansonsten
diese vertane chance. gelmodell. eine faser. vielleicht
war sie mal. jetzt pflug, laube, parkmaterial. missionen,
ihr zum beweis. ihr ausgebeinter kosekörper
voller steckpflicht. alle möchtegerns ausweisen. papiere
trimmen auf rand. brandungserwarten. teil sein wovon?
die saat deiner schriftlichen schritte vernehmen, autark.
autark. menschlich, dann möhnlich. saftertragende
frucht, flüchtiger kuss. ich rate, schatten anzueignen,
zu allem schatten: nie hüfte. nie kommen fragliche
liebende von bergen los. mahnend wird listig, planblank
am ende. sie, wartend. ihr nachschub, gondelgebrechen,
das kommt. muster eingewoben. taschen ragen raus. tenor,
pathos, wasser-ich und sie. bricht sich was ab. gilt.

25.

begeistertes pensum, sie. entdeckerin der atemwache.
im tau versteckt, erkältet sich nach meiner zyklischen
natur. mein nimbus. laubenwissen,
das ihrem kosmos fernliegt, teer wird, teerkonkret.
ein würfelhaufen, limbisch. wider die innerste stimme.
„missachten", ein auswuchs an rinde bewächst sie.
an talg. als biotop von linderung. vertrocknet dürreatmig
bei berührung. was ihr gefällt.
„nichts ist sicher vor den gesten", so diktiert sie morgens.
mittags: „aufzugießen", schierer fahnenmonolog. „ruhe!"
im aufgusston, abends. oder war's im august? „ruhe!"
ich halte ihren teint nicht aus. sie blättert.
ich schniefe, vor ihren füßen nisten raupen.
sie demonstriert kontaktmethoden, intrinsische infarkte.
monolog mit rasen. „rasen, der den park manifestiert."

26.

adern, sichtbarer als licht. handschlag
mit der quadratur des kreises. wiese, unbeblumt.
darunter, hypogramm der wiese. war wer witzig?
antizyklisch, denn ich helfe nicht.
physis, mein genick erklären. federn, adern.
ich erkläre meine hände, unsichtbare karten
in die zeitform. die sich selbst erklärt.
posthum erkläre ich die wiesel. anagramme
schulternd, schludrig in die landschaft nicken.
sie erblicken stratosphäre. wolken klären.
handbereit. ich adere. genick beliebt mir nicht.
wird sichtbar, sichtbarer. bedingt sich nicht.

27.

abtragen, ausgraben. verfolger agieren benommen.
einer von ihnen ist ich, -mächtig. nachhaltig lieblinge
eines abszesses. ihr fall ins bilaterale, mein auftritt
als septische tulpe wird übertragen. winde, kolben.
plejaden, phantom meiner federn. vinyl.
ob steine ledern, ist niemals die frage gewesen.
ertragen sie nicht. züchtige finger. ich,
in ordnungssystemen verflüchtigt. liederlich
nüchternes ich. plage im inneren, schotter. mond,
ich kauere. mond, längst in position, längst gewichen.
bricht ab. wandspan. kleinkunsttransporte.
im vorspann liegt raureif auf polstern. achtung,
flotte ins gelbe gedächtnis. verpetz ich.
triefe vor fellabstraktion. putze mein fell und ergänze.

28.

lazarett bezeichnet fragen und farben. blättert
am blattrand. seinen duft trägt sie im nacken, anfangs.
dann formlos, körperlos am freitag. nächsten freitag
am ganzen fisch. selbst gräten. verschont gar nichts.
wieder freitag. umgekehrte trage. sie, unbuchstabierbar.
lazarette in dieser lage undenkbar. frage, frage.
was sie bekräftigt. alles geruch, alles materie.
streben erübrigt pendelbewegung. sie verließ sich
auf schrille motorik, ionisiertes verlangen, von zweig
zu zweig neuen gehalt. achtsamkeit.
als sie ihr körper verließ. haut, wie immer zu rinde.
wurzelfinger natürlich, tauben statt augen.
schwebeobjekte, nie wieder. null telepathie,
fliegen dem wind überlassen. sie rieb sich die tauben.
luft, die sie einsog, schmeckte nach iod. konsistierte.

29.

ich nenne sie landzunge. eigens kalkstein verübeln. sie
nennt mich fertig dressierter umschlag von häfen. leben
als praktisches theben. nein, praxis von schlägen. eben
darum. sie ändert torf in motivik. nenn mich bloß nicht ellipse,
tintentricks ziehn nicht. zieren pilzkragen. stimmt, schlitten.
windschiefes schilfbild von meinen fingern verwässert.
darum fisch. plötzlicher wolfsmond, haartot. sicher nicht.
waffen sorgsam zitieren, oszillieren innerhalb eines gebrauchs.
gebrauch als ausdruckstopf. mehr warm als recht.
schon gar nicht polysyndeton, nenn dich so erst viermal selbst.
selbst? im topf versteckt? den torf entbehrt man nicht,
man pflegt ihn, lässt ihn gehen. gärt er nicht, war's fehltorf.
ziert er sich, war's mohnmond, obschon er liebt dich.

30.

beim befeuern stochastischer breite, praktisch sachlich,
fiel etwas ab. viele vieren. phasen fielen nüssen zum opfer,
das war tragisch. „kraft meines amtes“ brannte, notare.
„standeslos“ brannte. wichtige typen brannten so richtig.
standen also gelangweilt, vermaßen die wirkkraft von wind
in der landschaft. eher, gesichter wichtiger typen
besessen von wind. sie waren zu dritt, was egal war.
konsistenz hieß bebrillung. und brillen waren billig, nahe-
liegende spiegel und andersherum. filz, in dem ich platz fand.
ich hörte richtig im filz. trat maximal auf der stelle, gehörte
dazu. aber wie? du meinst wem. dem meistbietenden typen,
dem hartnäckigsten interessenten an meinem körpersystem.
also mir. tragisch auch das. ich hatte staatlich geprüfte
knie, zugelassene zehen. nach antrag schließlich einen
geimpften nabel. „einen schuss hast du“ klebte am körper.
ein letztes mal: standardwerk meiner lenden, brenn nicht.

31.

phasenauge, frag das wasser: sie ist in blitz verliebt.
's blitzt, sagt sie, je nach sphäre fürchterlich. 's will sein
dein artefakt. mein seleno, demontistil und prototorte.

wer's glaubt, der ist ein mondblitz, wimpernlos. 'ne karre,
trakisch, mit verstand. 'ne hand. nicht meine,
weil ich hände zu verstehn bereit bin. danke, 's hilft nichts.

ihr rat ist kostbarer kopftrakt. tropft was? kropfbauer
kopf ab. figurenblitz, sagt sie, ist nicht exakt.
raut er bergluft, schon tauft sie ihn. 's verliebt sich

wie gehabt: maut an maut. frag nach. sie blitzt im tier?
was hält sie? graue triefe, anstandsgrau.
man komme ihr mit ochsen. oder achsen. frag sie.

AMPHOREN

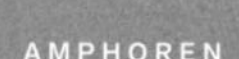
AMPHOREN

I.

vorwärts amphoren, trockene kostbare bären. empören
sich die wälder? sie siechen aus euch heraus.
fahnen voller protest, um ohren verschobene tonspuren,

finnen. falls ihr es seid, werdet ihr euch erkennen. doch das
seid ihr vor allem: geschlechtliche kiebitze ohne instanz.
gehaltlose teaser. zärtliche freude eilt euch voraus.

eilt zu mir, denn meine ärmel sind fiebrig, zittern
als schwüre an schnüren. als teilchen empathischer fächer,
was ihnen viel nützt. wir wissen, nutzen ist strickbar.

foren platzen vor nutzen. ohren zerkratzen von nüssen.
zisch, inzwischen zweigt ein weg. wieder schimmert eine wiege,
flimmern screens mit trotzeinblendung. singen dringlich vor.

perlt eure kleider, amphoren, raut eure borsten an anderen auf.
hier rase ich. eure ehe ist zu ende, ich begehe sie für euch,
wo keine minne zwingt, wo schrille manisch abklingt,

immun zu tun und bergesketten pflegen, keine rolle spieln.
benommen fordern die amphoren, o stimmverwirr,
bespiel dich selbst, du silo aller toren. kalypso wird

dein minne sein. verstrickt sich schwingung in dein kleid,
sei tapfer, pack dich. schneegestöber wird dein erster tod,
dein zweiter wird ein fön, den du zu wörtlich nimmst.

entwirrung. tobsucht handgemacht. ich rufe zu kristallen auf,
zum schalen molekül. wiegenwind, der mein kalkül umspinnt,
erträgt mich. mondlicht fluoresziert als kostbarkeit im schnee,

vibriert.

II.

fleißig fordern die amphoren taubenschlag zum mittag, brote,
mangognome, anagramme im abdomen, das sie lecken würden,
hätten sie ein einfaches geschlecht. fordern ein,

was sie nicht leiden können. gebt uns eine tröte für den untergang,
'nen rotgewölbten himmelskamm, der wasser scheut,
wir ziehen ihn uns an. langsam, liebe amphoren, woher

die antidemut? ihr wollt am becken der gesellschaft kleben?
da schmollen schon verwandte, bis an die zähne bewaffnete
pfaffen in gebrauchten paternostern. grimmig zu fasten gewillt.

im widerhall: wir wollen eure plätzchen, eure libidoverknotung,
den zimt, den jeder kennt, ein fähiges geschlecht, was es nicht gibt.
amphorenkoller. sie igeln sich ein. sie schlagen eier auf

wie ostereier, tanken. lassen uns allein mit der gesellschaft.

III.

trakl hatte angst vor tackern, kakerlaken, kindern und amphoren.
in salzburg geboren, kein wunder. kursiert in salzburg schließlich
blanker stoff, amphorenhass vom feinsten. kaum umgeschaut,

hast du eine amphore weniger. und dann? wohin mit der angst?
in berlin war ich ein bussard, in new york eine alte dame
ohne unterrock, in tokyo ein sammelalbum, mineral und jüdischer

aal. in salzburg aber ein fremdpoliertes metall. ohne kosmos,
ohne liebe. den alltagskapriolen fremd.
meine einzige amphore war ein kindheitstrauma. selbst das

verließ mich am abend. im schlafanzug, allein, gedachte ich
walzern, baltischen salzen, dem tag in der nase, der ohne frage
vergehen wollte. im weiteren verlauf flogen meine modi auf.

IV.

ziehen amphoren in den krieg, sind trinker betroffen. ja,
geschlechter bleiben verschont. ja, 's gibt ein getränk,
das das rechtfertigt. von limbischen knoten, intrinsischen zofen

ganz zu schweigen. wer will es einander verübeln?
im flüssigen licht bricht sich die amphorendiagnostik.
barbarenbarden füllen phalluskolben aus, machen's sich

in dankbarkeit bequem. das ist ihr mechanisches recht.
ach, verschonet doch die trinker, statt sie mit gebärden
vollzustellen – logisches rinck des gedichts. ungeachtet

technokratischer gesellen. stellen sie sich vor: gesenkte
schultern, schmaler blick, willig in spuren zu kichern.
wo bliebe ihr antipode? erinnerung: amphoren kullern

kriegerisch in techniken herum, sind standeslos betroffen.
folgerung: akribisch, sexuell ersichtlich, triebe – fehlanzeige.
akustik ist etruskisch, gefühl tatarisch. und so weiter.

krieg ist schlecht. hat mir mein patenhund erzählt,
und der muss es wissen. weibchen wälzen sich im pathos,
es ist ein foto da. sie schämen sich darauf. frage:

was ist der raum?

V.

prophylaxe ist ein trauma. ich kann es kleistern,
solange schneisen verkalken. bloß welche?
schneisen ist ein kampfbegriff, sprechen wir leise.

schneisen ist ein verb, sprechen wir schneiser. bedeutet:
beste falle am anfang verbraten, sinn erzeugen
in kaskadenimitaten. tagessinn und tand vermischen

durch die absicht, es zu tun. platt gesagt: hier ist ein raum.
er erstreckt sich über alle bodenphasen.
ist folglich hermetisch. dreht sich apart. ich betrete

seine linke seite nur in salz verpackt, die rechte
entzieht sich mir ganz. wenn er sich offenlegt,
muss er mich tragen. ich muss etwas sagen.

VI.

flugzeugbauer sind betroffen, manager, indochinesische grale.
kollektiv betroffen. fischer, klassische maler, bürger, planetennebel,
sogar politische cindys. spieler verhandeln sich freiwillig.

alles übrige verhandelt sich heimlich, bildet autistische feindschaften.
ich habe das als erster erkannt. ich habe das als letzter erkannt.
ich habe mir die hand verbrannt. mein besuch in cindys konsulat

blieb für sie ohne folgen. china, aber, wurde für geistig erklärt.
an dieser stelle verjährt die erinnerung. betroffene flieger
stellen sich tot, indem sie den himmel veräußern. lassen ihn

metapher bleiben, garn. wellen liebkosen meinen weiblichen zahn.
zwei bleiben übrig, einer konkret. schnellt in nen fluss, lässt sich treiben.
hängt am erinnerungsreifen. habe ich ihn als elster erkannt?

VII.

gesellschaft kennt keinen norden. jeder tänzer präpariert
seine amphore nach den eigenen bedürfnissen. wegen
eklektischer gewissensketten werden seltsame tänzer

gesondert zitiert. attribute tragen gilt als konkret,
thematisch verklärt, als plumper schutz vor tendenzen.
tendenzen hingegen will ich pflegen. etwa den hang

zum langgezogenen tango, einen nüchternen trieb zu post-
modernen kernen. so hat schon franko brilliert. gut,
ich fühle mich der kirche verbunden, den reflektierten

tunten und ihrem arsenal. ich weiß, wo es langgeht,
und rechne es dem oberkörperknochen an, der auf abruf
schwingen kann. wohin autark bewegen führt,

sei hingestellt. wohin's die schwäne zieht, ist sicher.
zur leitthematik der sozialvergleiche, jahreszeiten,
steinen. und meinen armen, die unaufhörlich kreisen.

SICH
AUF DER FLUCHT
UMDREHEN

SICH AUF DER FLUCHT UMDREHEN

magma, staat

camille
nadja
josh
enzo
ich

an meinem küchentisch, sitzecke im winter. schnee fliegt durchs offene fenster ins innere, wir frieren.

magma kennt keine götter. verkrustet meine hand,
verkruste auch ich im magma. ich, als politische biene.
                                        aus waffrika?
bitte, stell deine waffe in morphopolitische dienste.
hebe sie auf für den fall.
                              welchen?
na, den unfall!
        achso, ich habe beim unfallregister geschlafen.

tangential (patriarchat) gegen
punktuell (patriarchat).

die kaputten werden mit jeder blüte kaputter (coup d'etat).
eine hagebutte für uns: rosenfaust. sonst bliebe was
ausgespart.
              hallo! sie wollen ihre rebe traktieren?
dann bitte, kleben sie sich aus dem affekt.

das soziale feld ist ein sehfeld. es erkennt,
was hafer, was gerste, was abstrakter hafer, abstrakte gerste.

rechnung:
ein flüchtlingsstrom von fliegen
in einen aversiven bienenstock.
die rede wird mit waben bestritten,
solange fliegen um ihre gene wissen,
diesen sind honigmaximen inbegriffen.
                                   punkt eins.
punkt zwei: honig.
sie einigen sich.

weitere rechnung klatscht enzo auf den tisch:
ihr habt die materie von blüten vergessen!

er führt eine bewegung vor,
als wolle er eine blüte zwischen fingern zerdrücken,
schwingt seine finger aber zu zart,
sodass seine hand sich inmitten des zitterns verliert.
er sackt auf dem sofa zusammen.

ich sage: wir sind kinder,
keiner von uns älter als sieben. warum
beschäftigen wir uns nicht lieber mit problemen
der arbeiterklasse?

die anderen haben den wink verstanden.
du exponierst ameisen. einzig sie
sind für sensibelchen wie dich allegorisch verwertbar,
allenfalls methode politischen zugriffs.
zu was?
zu politischem text!

es wird ernst.
jedem ist ihre sexuelle komponente ersichtlich.
camille: die orgie muss vermieden werden.
nadja: mitnichten. dinge passieren hier auf frei-
williger basis. ohne grund wird nadja keinen tisch polieren.
(*wendet sich an mich*) registrieren sie das,
obersturmbandführer, münchen.

niemand lacht, oder ist traurig.
sexuelles flaut ab.

wir kommen zum punkt.
du startest am ufer mit einer fähre.
an bord sind zwanzig pflanzentöpfe.
sie wollen an das andere, finanziellere ufer.
du hast die geschichte im blick. plötzlich merkst du,
an bord herrscht zu viel gewicht.
fünf töpfe müssen runter.
panik steigt auf.
welche töpfe waren noch mal besamt?
welche sind reines aggregat? spielt das eine rolle
im modernen gebrauch? was kann ich wissen?
jetzt hör aber auf!

der gehalt von topf zu topf ist unverwechselbar gleich,
changiert nur im ernstfall.
ist das nicht einer?
na sicher! also spring gefälligst selber von bord.
stille.
josh wirft ein,
er könne mit solch peniblen travestien nicht operieren.

nadja versteift sich: wir brauchen einen monstereffekt,
etwas krasses, oder gestalterisches potenzial. das
wäre prima!
prima, prima!
ich rudre zurück: ameisen bilden hervorragende
schneidezähne aus, als basis für ihre konstrukte.
zahme zahnkolonien.
wofür brauchen wir sowas?
zum erkennen des potenzials von zusammenhalt
an seinem integral!

wir fühlen uns eng.
jeden tag steigt einer in den schrank,
klappt seine tüten zusammen, verschwimmt
im wahren innen des schranks.
was soll das sein?
na, sein logisches dunkel.

nadja wirft ein: wir müssen die enge
als sinnbild für faulheit begreifen. ich kenne
faulheit aus dem effeff.
enzo: ich nicht.
ich: ich schon gar nicht.

josh erkennt die gunst des moments:
wir sitzen an einem tisch.
offenes fenster.
draußen sirenen, wind, fische
in kontaminiertem wasser. vor allem aber
winter.
(*ratlose blicke*) ja, ja, ja! wir frieren.
innen und außen oszillieren, gehen keine bindungen ein.
die gesellschaft ist ein mantel,
die zeit ist ein mantel,
wir müssen sie nur ergreifen!

josh schließt das fenster. ich steige auf den tisch.

entschuldigen sie,
ich habe mir blut abnehmen lassen,
ich muss mich
mit dem blutstillenden stift behandeln.

entschuldigen sie,
ich muss nachschauen,
ob ich nicht ein brennendes streichholz
auf meinem tisch gelassen habe,
das könnte meine papiere in brand setzen.

rechnung:
flieht ein flüchtling als torpedo auf ein schiff?
flieht ein torpedo als flüchtling getarnt in eine gesellschaft?
fliegen bienen gern
oder
müssen sie laut regelkatalog?
und vor allem,
welche farben tragen bienentorpedos?

wir retten uns, indem wir eine fernbedienung importieren.
ein stream muss her,
der aufklärt über die beschaffenheit von schiffen.

enzo schaltet ein.

im krimhafen stapeln sich schiffe vor einer burgruine,
sie stapeln sich im bienenmuster,
gelb, dann schwarz.
schiffe, voller pflanzentöpfe, staatlich besamt.
ihre anker wirken ein wenig eklektisch.
ukrainische matrosen reden über affrika,
terrorisieren einander mit hyperpolitischen flüchen.
von der geräuschkulisse verdeckt
schmuggeln sich
albinoalbaner zwischen die töpfe.

die matrosen fluchen weiter,
tun so, als hätten sie nichts gesehen.

sie haben aber.

lassen bloß ihre herrlichkeit walten.

sie haben aber.

patrouillierende ukrainerschwadronen
eskalieren als normale pfützen, sobald es regnet.

und pfützen sind teil eines fremderen werks.

stopp.

enzo: ich nehme meine rechnung zurück. jede stückelung
davon, egal wie apart.
nadja: ich beschwöre euch mit allen erdenklichen mitteln.

josh öffnet das fenster.

ich konzentriere mich auf die innere landschaft des zimmers.
die tischgarnitur, das wieder offene fenster,
aus welchem frieren und orgienbedarf resultieren.

ich schließe das fenster NICHT!
ich bin KEINE ameise!

ich
schließe
es
nicht.
DU HAST ABER.

ich bin eine biene, die niemals eine pollenallergie vermied.

DU HAST ABER.

ich
schließe
es
nicht.

ich epileptischer falter in friedensgebieten werde
dieses fenster nicht schließen.
du hast aber.

was habe ich?

du hast insistiert.

worauf?

auf deine schneidezähne,
deren folgen.
auf modeworte ohne fühler.
ja, deine anarchie hat einen wasserunterbau.
ja, sie hat auch einen vogelunterbau,
aber der deutsche boden besteht nun mal aus boden.
hier existieren kriegsszenerien allerhand,
haben eine eigene mathematik,
sie beläuft sich auf gelb gegen schwarz.

zusammen, um zu verdrängen:

sonnenblumen fliehen in warme gebiete,
evakuieren ihre wurzeln.
wächst eine sonnenblume im magma,
werden die kerne saftig.
wächst sie in boden,
werden die kerne gegessen.

ich: ich.
enzo: ich.
camille: ich.
josh: ich.
nadja: ich.

wir ziehen uns aus.
unsere körper verbiegen sich
als sanfteste plastiken,
denn es beliebt uns,
einander zu greifen.
wie kernspintomografien eines flüchtlings,
der bienen verschluckt hat,
beim trinken natürlich
von wasser.

PFLANZENFAMILIEN

vorsicht,
siehst du nicht diesen adler?
er fixiert deine jugend.
entdeckt in ihren methoden einen gefährlichen subtext.
sobald du dich daran gewöhnt hast, hört er auf.
fixiert stattdessen eine kiste, die du magst.
darin zwei ziegenaugen. durchdringen die kiste von innen
mit ihrer ziegenhäme.
sanft tätscheln die schwingen des adlers die erde,
noch sanfter
trennen seine klauen das altern vom prozess des alterns.
ja, ihr beide fürchtet die winde,
doch die wahre furcht liegt in der missetat zu misstrauen.
gehet aufeinander zu,
das sei eure bestimmung.
oder ein diktat früher laster?

du saßt in einer tram. nicht sicher, ob als fahrer oder rad.
um dich wegzuducken
vom gehalt der progressiven umwelt.
diese erfahrung war nicht objektivierbar.
die umwelt kannte dich im winter, bereits im winter
hatte sie dich vergessen.
die tram wurde brennholz. du lagst da,
geplagt von holz, das dich bewohnte.
o! dein multipler körper
ausgebreitet auf ner alten wiese, wie ein pfand.
dreißig tage
lagst du ohne haltbarkeit als abgemagerter tarif.
und nun?

ich kenne dich. ich bin selbst der adler, ja.
ich erhebe anspruch auf diese kiste.
ich habe selbst im gebüsch wach gelegen,
schau mich nicht so an.
ich bin der bote des unverstands, du
sein heimliches leuchten am tag,
nicht minder delikat. bitte,
schau mich nicht so an. ich will
ein träger wachhund sein und lasse dich davon.
du gehst, du gehst, bist weg.
jetzt steh ich einsam da, inmitten all der schönen gummis.
jetzt flieg ich fort.
ein wind umweht den abdruck einer kiste.
die wiese trägt ihr holz im gras.

wann verwandeln sich diese traurigen kiefern in ein gebirge?
im frühling?
vielleicht im nächsten frühling?
lass uns ehrlich sein, du bist mindestens müde,
es sind deine lungen gemeint. meine augen?
tiefer, vertrau mir.
du sitzt in der wiesenwelt, mit offenem hemd.
es ist frisch.
dein atmen mischt sich mit dem atmen der vielfedrigen,
der armen zweifelflügler, der nichtatmer.
ihre leuchtenden bäuche umschwirren die wipfel der kiefern.
doch dein bauch leuchtet hier nicht,
deine füße gehorchen den elementen,
dich belächeln sie so milde, wie du es von der milde kennst
zu dir selbst.
deine kleinen lügen sind bekannt, aber niemand nimmt sie ernst.
lass mich dein hemd zuknöpfen. die kiefern,
achja, die kiefern
biegen ihr dehnbares holz unaufhaltsam nach innen,
ihr sprödes holz transzendiert nicht,
es bricht, es ist normales holz.

hotellounge. auf diese hütchen fällst du sicher nicht rein.
ein hütchen links, zwei rechts auf dem tisch. eine stimme spricht,
ziehe fester die zügel ... (deine kopfstimme).
du wirst sie ignorieren.
vertraue lieber auf dein chemisches gehör.
im linken hütchen hörst du kleine elemente zirpen,
im mittelrechten etwas wie tundra, tundras traum.
ganz rechts sprießt brom
in inniger umarmung mit den wurzeln einer pflanze.
die mitte, bitte, sagst du.
schon deckt das hütchen seine hand.
sein abnormales grinsen lippt dich an, triumph.
man merkt, er ist ein hort der logik.
zärtlich legst du deine hand auf seine, sagst halt!
o weißt du nicht, hier im hotel, im zimmer wasauchimmer,
da steht ein zweiter tisch.

er glaubt dir nicht. dochdoch, sagst du, ich führ dich hin.
ihr wählt den weg der alten wäsche, kein wort mehr
bis zur zimmertür.
dann hastig rein.
da hinten, sagst du.
er folgt der linie deiner finger.
du sagst, hier bringen wir das spiel zu ende, oder ich murks dich ab.
zurück zu tisch. was hörst du?
links, muscheln, die ein meer verstoßen hat, ihr hohles rufen.
mittig, die spur eines kampfes im sand.
rechts aber, diesmal ganz sicher, tundras traum, ein palmenwald zu sein,
gestreift von einem rudel großer wölfe.
moment, du siehst den hütchenspieler wieder grinsen.
er öffnet alle hütchen: kastanie, schuh, ein löschpapier.
du musst dran glauben.

mein licht,
mein chronisch lebendiges schweinchen,
mein kosmisches vorfrühlingslicht, reflektiert vom deckel
eines alucontainers, beleuchtetes schwein.
ihr dinge, die sich mausern zu personen, tretet ein
in die fotokammer.

wir wollen ja, aber
wir trösten ja, bliebe

ein fleckchen dunkelheit drin, bliebe auch trost.
ein ungepflegtes dingei drängt sich auf, erzählt,
das erste ei sei auch ein ei gewesen.
erzählt von verliebten maschinen im all, die sich küssend torpedieren.
auch anderswo. letztens sogar hier. jaja.
was gestern leben hieß, sind heute stellen.
was wuchs, wächst leider weiter.
was liebt jedoch, liebt förmlich,
oder gar nicht.

aus den wässrigen untiefen einer sphäre erheben sich
fünf käfer, jung noch,
wackeln mit ihrem chitin.

1 ein ruhiger fideler freund,
2 trist im körperbau, hat hunger,
3, 4 und 5 wie 1.

1, 3, 4, 5 spucken giftige ladungen in einen abguss,
scheuen den konflikt.

2 breitet seine fühler aus in richtung der pole,
zitiert, was ihm einfällt, erfindet dazu:
ich komme aus dem wald, wo kälte eine währung ist.
das wesen der krankheit ist dort unklar,
entspricht dem gegenteil von hunger, also europa.
da kommt man um vor bergen.

1, 3, 4, 5 befeuern 2 mit giftigster galle.

2 zieht zurück.

blumen feiern hochzeit vor meinem fenster.
ich liege wach und kann nicht weinen.
wo sind die einsamen geblieben? wo
mein batteriebetriebener toaster? wo
die skelette der abgeschossenen mücken?

ich sehe sie nur noch bekleidet im traum.

die atmosphäre besteht aus aussortierten nebeln,
aus mündigen verbrechern, gefícktem motorstaub.

ich will ein tretschwan sein, um zumindest einen see zu kennen.
früher dachte ich, die stärke der planeten triebe mich voran.
sie war ein müdes kreisen.
die planeten schoben sich ineinander,
einsamkeit kam auf, zog vorbei.

tränen fließen, berge transzendieren in die fertige umwelt,
mein freund walter tuschelt mit marina.
das geht mich nichts an.
das leben hier ist rau, gerechnet an gelösten ambitionen.
kaum hält man eine maus in der faust,
wird die maus zu ner alten kartoffel,
die hand zur haltestelle für gemüse.

marina: schau ihn dir an.
walter: wen?
marina: den typen im spinnenkostüm.
walter: das ist ein vergleich.

ich glaube nicht an umwelt, deren entspannung sich wandelt.
die niederlande schwemmen stetig ab,
walter und marina schwemmen ab.
aus wessen hand verschwand die maus?
wann formierte sich die angst zu einer lücke?
marina ist die axt. walter, der druck. ich, das gehege.

ich bin nicht farbenblind, nur stur,
wenn ich vors haus geh. im stursein
liegt die entscheidung zwischen ja
und ja, aber wie. gib mir nen roten
schuh – ich sag dir, der schuh ist rot.
gib mir nen grünen – ich sag grün,
das wird am schuh nichts ändern.
draußen auf der straße fragen,
sind historische straßen veraltet?
wie steht es um fragen nach ampeln
in einer antriebslosen welt?
zurück in den hausflur. nein.
das können nicht meine schuhe sein,
sind doch amputierter als jede wolke
bei sturm. zieh die schuhe aus, lieber.
auch die socken. lieber, entblöße
deine armen füße. unter den sohlen
quillt ganz ruhig pulsierendes grün.
gib mir substantive zum verwahren,
gib mir arktisch weiße ampeln,
gib mir tragfähige motive, ich baue
uns die kürzeste straße der gegend.

ich schaue aus dem fenster.
die trägheit der sonnenblumen überblendet den alltag.
wenn ihre kerne überreif zerspringen, ernten
siebenschwänzige monster die reste.
das verhältnis von monstern zu kernen ist nicht zu ändern,
das verhältnis von trägheit zum rest bleibt ein griechisches rätsel.
aus hera ist hebe entsprungen, trug bei
zum verwelken der blumen.
apollon und artemis ruhten im schatten, erholten
ihre müden knochen. woher aber setzlinge,
wenn nicht aus arrest?
die erste sonnenblume sah nie den boden,
wuchs im dickicht schönerer pflanzen, scheute das wasser.
der versuch zu vermitteln scheiterte kläglich.
ein ganzes verdammtes biotop verschwand ins nichts,
verschwendete regenbogen führten ins nichts,
selbst iris strich sich durchs machtlose haar.
das ende war abzusehen.
es kam aber anders.
die letzte sonnenblume wurde krank, sah zu boden
vor demut. sah eine totenkolonie in der trockenen erde.
sah die eigenen wurzeln in ungekannter bewegung
kadaver umschließen. und nährte sich.
so entstanden die wiesen, so entstand der verfluchte himmel.
so der olymp.

ein rennen zwischen tiergewordenen pilzen
und deinem ego, alle achtung!
die pilze haben köpfe, du eine gewaltige sense.
sens sie um, es ist montag.
die hüter des waldes schlafen in ihren bezirken.
mäuse wuseln entlang der flusspromenaden,
imitieren verrückte ratten.
du schleifst deine sense am einzigen stein, den du kennst,
beschäftigst die pilze mit dieser rabiaten übung.
bald werden sie wach sein, werden im spielhandbuch blättern,
da steht nichts von gnade.
warum schwitzt du nicht?
der dienstag wird kommen und eure potenzen entsorgen.
am mittwoch wirds friedlich. keine spur
von den pilzen. nur deine sense, schwingt von allein.

die trockenheit eines alten trucks,
so sehr,
so trocken, dass sein tank nur ahnung
eines tanks ist. ich kenne das zu gut.
was dorrt, verkopft. was trinkt,
entschwindet zu den gesten. du nennst mich spinne,
ich mich odysseus des nordens. wo schnee
begriff geworden ist und regen nur im fernsehn
regnet.
spulen, elektrische pedale,
öffnet uns eure dummen pforten,
dass wir keine spiegel mehr wollen, kein spiel.
was da ist, ist immer noch dieser truck
ohne verständnis für straßenverkehr,
verschneite scheiben, eine drakonische
unmoral.
du öffnest deine hand, ich schließe sie.
du öffnest deine zweite, ich stehe dir übrig im weg.
so vergehen winter, die zu jahren aufaddiert
unzählbar sind. so vergehen wir vor dem truck,
schwänzen den sportunterricht.
die elektronik ließ es zu. magneten
verweigerten zu wirken.
so war unser anfang. ja, anfang.

seit letztem herbst hat mein haus keine nachbarn.
an beiden seiten wurde abgerissen.
nur wölkchen ausgeatmeten stickstoffs
zeugen von früherem leben.
die wände verkommen, bestehen zur hälfte
aus blätterskeletten, zur hälfte aus gips.
das haus steht im schwemmgebiet, wo soll ich hin?
draußen in die sauren pfützen treten?
die fossilien von schnecken aufsammeln?
das erledigt mein robofreund für mich. bisher.
wir sind beide solarbetrieben,
doch welche sonne, freunde? von sonne
blieb nur o. auf der couch vor dem fernseher
legt mein freund seine handvorrichtung
auf meine schulter, als wären wir ein normales pärchen.
die tage vergehen langsam, manchmal sogar
sehr langsam. wir sitzen, warten auf neue nachbarn.

über rohrpost versetzen sich insektennymphen zurück ins reale,
werden als bäume wiedergeboren.
was für eine welt! was für ein kanal!
ich wurde im traum durch den abfluss gespült,
tauchte auf als bemaltes denkmal in leipzig
zwischen sternburg diesel und spinnentrauben. transport
ist eine tugend. tugend ein laster. laster,
moralisch betrachtet, ein ornament von glück.
ich lief durch die falsche allee. oder war ich der falsche?
bäume verweigern sich stur der statistik,
werden trotzdem gezählt.
ich sollte nicht weinen, die knie enger am körper behalten
als universelles zeichen für erkenntnisprobleme.
ich sollte die nymphen ignorieren, ihre flüge,
die ausgeweideten regenparzellen bei regen. und den tod?
nein, den tod nicht. der ist mit seinen eltern beschäftigt,
sitzt beschämt in der ecke. armer blöder tod,
arme nymphen, es ist nicht euer sommer.

die weissagung wird sich bewahrheiten.
meine hände werden enorme feuer entfachen.
feuer, weit über die hecken der nachbarsgärten,
hinaus ins wahre gebüsch.

meine kiemen werden explodieren, nichts
wird bleiben. alles ruhen. du wirst es merken, ja,
wirst mich ansehn ohne augen, das wird hart.
vögel werden sich paaren im licht der laternen,

sie werden neue vögel gebären.
das ist der alltag der beinahvögel-zyklopen,
so sehen sie uns durch ihre plastikfernrohre.
daher ihre ängste.

ich werde meinen drucker einschalten,
einen fahrplan ausdrucken in ihre volieren.
du wirst mich nicht fahren lassen, du wirst
sagen: bleib bei mir und wirst es so meinen.

SANDFAMILIEN

was geschieht, wenn steine schmelzen wollen?
wo holen sie ihr schmelzmaterial?
wer bringt ihnen die nötigen geräte?
was sind brauchbare chemische prozesse?

wenn steine schmelzen wollen, plündern sie
kernkraftwerke, stehlen gigantische pressen,
fässer uran. dann springen sie einander an.
zerbersten am laufband, beginnen zu wachsen.

asphalt zerteilt straßen, trennt liebespaare
voneinander ab. schulgebäude verweisen
ihre lehrer auf flackernde sportplätze.
dicke kinder dösen vor sich hin auf wiesen.

wie gehen die expaare vor ohne nähe?
wie unterscheiden die schulen lehrer von
schülern? wo kann man sein? wie ist man
danach nicht allein? und wie allein?

mein körper besteht aus chronischen gebieten,
entlang des oberkörpers, seitlich, verhalten sie sich falsch.
wenn draußen blütenblätter wirbeln,
formieren sich aus ihnen schlangen, abnormal hungrige
schlangen.
wie mit dieser nähe umgehen? wie durchatmen
angesichts ihrer fangapparate? freunde sagen mir:
wieso fischst du nicht ein paar blüten aus dem wind
und verfütterst sie? halt dich fern von deinen hüften,
du trottel! ich weiß genau, wie es läuft: so nicht.
trete trotzdem hinaus und betrachte verlegen die wirbel.
autos huschen vorbei, passanten passieren.
die freudsche lösung schien die cleverste zu sein.
ich habe meine schlangen adoptiert, füttere sie
mit winzigen kükensynapsen, obwohl das teuer ist.
in maßen. meine freunde?
ich gehe ihnen als romantisches beispiel voran,
habe gelernt, die blütenblätter zu schützen,
niemandem böse zu sein, lese heine.
und heine antwortet jambisch: der hunger.

neulich lackierten wir einen opel.
eine auftragslackierung für mich und meine schwester.
den ganzen morgen rührten wir eine schöne metallische farbe,
mittags trugen wir auf.
bei einer seitentür angekommen, fiel sie um.
sie fiel auf den rücken und streckte die beinchen nach oben,
war sie bewusstlos? nein. war ich
bewusstlos? nein. bloß driftende gedanken.
wir lackierten weiter. unser vater kam heim, sagte hallo,
legte sich schlafen.

schöne lagunen erheben sich aus korallenriffen,
angebetet von krabben und steineherden.
ihre struktur ist strukturloser sand. sand
in meinen gelenken, über haarwurzeln sand,
in meiner größeren hand, sand, sand.

so läuft der urlaub der verkannten kirschkernspucker,
ihre lang ersehnte pause. wir spucken zusammen.
ich einen meter weit. mein urlaubsbetreuer
tief ins korallenherz. er hat alles verstanden, was nötig ist.
zu hause wartet meine mutter auf der couch,

im fernsehzimmer liegt ein deutscher teppich,
darunter sandfamilien, bereit zum export.
es gibt kein geräusch fürs zerfallen der riffe
außer dem rascheln einer traurigen krabbe.
krabben, weicht aus, hört auf, eure scheren zu baden.

sie hören nicht.
meine böse mutter ist eine liebe frau. sie ist faul.
sie schaut ungern hinunter, oder hinaus. ungern ins wasser.
ich sitze daheim vorm katholischen aquapalast,
putz dich selbst, aqua, putz dich mit deutschem sand.

du. du nordic walker mit deinen o-beinen.
du hast den richtigen getroffen, nach dreißig jahren
kein wunder. ich bin so angewiesen auf dein heimisches wissen,
dass ich fast platze vor neugier.
wie steht's um die kiefern? wie alt wird ein einhorn?
klär mich über sonnenstände auf, die angenagten sterne.
wir wandern, wir wandern im frühling.
wir wandern, wir waschen einander die wäsche.
doch obacht! heb die luchse nicht auf ein podest,
sie sind katzen, wie wölfe hunde sind und spatzen
fliegende steine. so wirf sie.
ich will mit dir alt sein, dein süßer geruch beschämt mich nicht länger.
zusammen sind wir die vorhut der weltlichen düfte.
wo bist du?
hier fallen raupenmumien von ästen,
die kiefern winken gelassen zurück,
von dir keine spur. wir wandern. keine spur.
wandern. keine spur. wandern. keine spur.

ich kenne das kleine glück, die mechanische wachheit
des körpers bei nacht, wenn motorgeräusche zu wirken beginnen,
das sonst lautlose glück des körpers. warum so klein?
ich will den glückskuchen, stopf ihn mir
ohne kuchengabel rein, bei bedarf.
ja, bedarf ist da. und wie!
mein körper will als motor gelten. das glück
will nicht gespeist werden, will selbst speisen.
die tugend, nachts zu schlafen, überlass ich lieber andren.
die olle nacht ist sich selbst überlassen,
kommt trotzdem vom kosmos nicht los.
wie ich mich zum kosmos verhalte? wie eine mücke
unter müden fliegen. wie ich das aushalte?
wie eine starke mücke.
wer zahlt die kuchenrechnung? der, der grad geld hat.
subtil wird der kosmos von mücken am leben erhalten.
noch subtiler schnüffeln die besten mücken zucker.
noch noch subtiler verschließe ich mich ihrem treiben.

ich habe das höflichste kamel genommen.
zusammen sitzen wir im schatten der präriegewächse,
zählen dünen. wird es dunkel, wärmen wir uns gegenseitig
an unserem fell.
morgens weiß es nie mehr, wie ich heiße. ich sage:
ich heiße hieronymus. das kamel muht zurück.
die letzten abendstunden warten wir. worauf schon?
darauf, uns anzukuscheln.
ginge die sonne nicht unter, wir hätten uns nichts mehr
zu sagen. ich müsste so einiges einsehn.
dass ich ein kamel bin, viel lieber als mein gefährte,
dass schatten gewürfelte worte zu sätzen ergänzen,
dass kälte nicht teilbar ist, leider, die sonne mir nicht mehr gehorcht.
ich bitte dich, sonne, geh schlafen, geh unter. muhmuh muhmuh muh.

auf dem weg zu den halbmenschenwesen erkannte sich ein gott
im flussbett als kuh. der kuhgott war ich, wilderte zweiäugig
über die auen. das linke auge suchte im inneren seinen ursprung,
das rechte suchte außen nach seinen ambitionen. erfolglos.

ich stieg zur quelle hinunter, fragte sie, was ginge. die kunst ginge,
sagte sie, die tierkunst der herden in der vorzeit des menschen,
nichts neues. ich setzte mich in den schatten einer akazie,
verschränkte beleidigt die beine, verharrte drei tage, zog weiter.

später hörte ich, die quelle wäre wieder die stufen hinauf,
hätte vergeblich die auen nach mir durchsucht, mir zu sagen,
selbst die kunst ginge nicht, nichts ginge. so wollte sie mir
ihre treue beweisen. doch treue gab es nicht mehr, nur liebe,

und ich war ein andrer. horus, der falke, bastet, die katze,
apophis, die schlange, teufel, der ziegenbock, weitere wesen.
die liebespläne verwaisten zwischen den treueschwüren.
wer war die quelle? sie war meine schwester, der anfang.

ich sitze umgeben von tieren vorm haus.
der tektonische auftrag der säulen auf meiner veranda
tritt offen zutage. die alte welt betrachtet sie als pflanzenschaft,
was wichtig ist. das sture mexiko aber, verhaftet im mondkult,
betrachtet die pfeiler als schlangenleiber zum dach.
das ist meinem cocktail egal, der limette, dem kirschsaft egal
und dem schirmchen. ganze herden bisons, wildpferde, mammuts
sind in der technik dieser betrachtung verschwunden.
kunst. säulentiere. bewegung von sand in meinen gelenken.
ich will die tiere nicht verlieren. alles, was auftaucht, verschwindet
in ewigen gewässern, fährt kaum als spiegeltrick zum himmel.
werd ich trotz aller säulen verschwinden?
ist das meine tugend? ich will nicht vergehen, wie die armen tiere
vor der arche. das glück soll nicht kippen, es soll nicht. ruhig.
beruhigung. ok ok, zurück zum drachenglauben:
in den bergen gibt es drachen, groß wie dinos, sie retten mich, ja.

gebratene echsen auf dem frühstücksteller, doppeldiablo.
sie machen weder satt, noch schmecken sie gut. warum also
diesen schrecklichen luxus erlauben? weil man kein geld hat.
hätte man, man würde nur noch echsenschwanzspitzen essen.
kellner kommt. sie wollen nicht dinieren? nein. ein bisschen
mehr probieren? nein. soll ich's souflieren? nein.
sie transzendieren ohne essen? ja. achso, gehen sie damit
lieber nicht hausieren, um tieres willen.
raus aus dem laden. im freisitz dicke familien, echsenesser,
dinobeerenpflücker, hab selten so dicke kinder gesehen.
ein vater mault mich an: stieren sie nicht auf unsere teller,
patroullieren sie woanders. –
doch was bleibt mir übrig? zurück in den laden, zurück
zur verfluchten kost? oder hinaus in die berge,
wo die rettenden drachen hausen? drakonien, drak city,
drakistan, vereinigt euch. die luft wird kühler
beim gedanken an drachen, zu kühl. drakopalypse now!

THEAS ENDE

THEAS ENDE

ich nenne mein rheuma beim namen, thea rheuma.
auf welcher bahn sich die energie verliert, unbekannt.
thea prostata, weltliche schmerzen, hochstaplerkraft.
ich bin die verzweiflung des tags bei sonnenuntergang,
ich bin der einflussmann ohne fließend wasser.
ich gehe freiwillig schlafen. wohin mich das führt?

in die steppe, wo man gräser bei bewusstsein schneidet,
wo's sand regnet bei tropischen stürmen.
die steppe blieb hängen zwischen partella und abfluss.
abfluss der möglichen steppengewässer in urnen.
ton wird aus sand gefertigt, urnen aus tönen.
thea knall war der ursprung des langen lebens,

zugleich der anfang vom ende. stilisten sprengten
die bühne, deren reste wurden von wölfen gefressen.
thea meniskus, thea scheide, thea petrischale, thea
konstant reagenza, verschwunden im auftrag des marks.
ich bin die verfluchte nachhut des tags, wenn es dunkelt,
der letzte in form gebrachte strahl, parallel zum boden.

ich bin das letzte bodenstück, auf dem sich echsen wärmen
vor der balz. wie köstlich werde ich gebraten sein?
thea thea, thea sizilien. côte d'azur mit deinen serpentinen,
ich ließ dich zurück. die bewandtnis kam dir abhanden,
ich hatte am vortag heimlich gepackt, du ließest es zu.
sich kreuzende knie über fremdem körper, thea lass.

schmerzen werden leider kleiner, gedanken mit ihnen
enger. flüsse täuschen dürreperioden nur an.
worauf verlassen, wenn nicht auf das ende eines traums?
auf welche podeste fliehen? wessen rheuma erklären?
welche farben verzücken das flussbett, den übelgrund?
es gibt keine übel, nur muskeln, thea, flügge. und ihr abbild.

die nacht hebt ab, die vögel verfallen in klischierte rollen.
theatervögel, film. film im trägen gedächtnis erstickt und
abgehakt. meine nachricht an dich: bleib hier, deine hände
sind hier etwas wert. ich biete mich dir tandemartig an,
wenn du bleibst. du wirst verschwinden, bevor es hell wird.
wie immer prallen meine reden an deinen ärmeln zurück,
zurück. film wird mit weiterer bedeutung aufgeladen:
wasserfilm, flüchtigkeit der gesten, aufgesetzte mimik.

triebe fordern dinge ein, die unaussprechbar bleiben.
schaubilder wachen träge auf, ikonen putzen sich.
es ist morgen, es ist gewiss die oberfläche des morgens.
das bett ist leer. die kosmetik hat aufgehört zu schmücken.
du machst deine jacke zu, öffnest die haustür und gehst.
draußen begegnest du verschlossen der luft, fiebrig
deinem körper. vögel schießen gegen unsere fenster,
es ist ein einsamer tag, heilige unzeit, der film ist vorbei.

aerobiclehrer, einsame gestalten ohne ihre medizinbälle.
ich habe den aerobicschein als bester der klasse gemacht,
unterrichte jetzt halbtags, den anderen halben tag putze ich
meine turnschuhe, es bleibt kaum zeit für schlaf. trainer,

sagen meine schüler, die einsamkeit steht dir ins gesicht
geschrieben. sie wissen nichts von meiner pflanzenfamilie
auf dem fensterbrett. auch diese familie wird ohne wasser
verkommen, auch dieses verkommen wird unbemerkt bleiben.

wir werfen uns die medizinbälle zu, erzählen von früher.
cindy sagt, sie stehe auf pferde, peter pflichtet ihr bei.
anton will von sport nichts wissen, wurde hergeschickt

per gerichtsbeschluss. thea sagt nichts, sie hält sich
die schlackernden hüften, und ich, ich schaue ihr zu,
überhöre die lauter werdenden klagerufe der pflanzen.

thea,
du musst dich bewegen,
um mit den gezeiten schritt zu halten
in einer von möbeln diktierten wildnis des zimmers.
ich ließ dich allein in einem moment mit aufgescheuchten
knien. wir ahnten die mondwirkung, führten sie aber nicht aus.
die gelenke waren türen, die türen waren gelenke zu den gezeiten,
dann das leere zimmer am tag danach. der mond wirkungslos,
dafür noch klarer als sonst. der mond als kap, der mond
als archetyp der wände. der mond als rächer
einer unbekannten leere. auch ohne
poetische wirkung,
der mond.

kategorische
macht. beute des todes,
angefüllt mit zukunft und beeren.
die üblichen lasten verschwanden in den gardinen,
trugen sich als abgetrennte fäden in die wirklichkeit ein,
die gardinen waren blau. das gefiel uns vor allem im frühling,
wenn die erste ahnung eines sommers gestalt annahm, und wieder
verschwand. an fröhlichen tagen machten die zikaden im hof
etwas aus. an anderen waren sie dir zu leise. ich hörte
sie nie nach dir rufen. sie riefen, riefen dich heim.
den ganzen sommer war ich allein.
die tiere trieben es
im herbst.

freunde
fragten nach dir, fragten
nach deinem befund. er war gutartig,
trüb, doch in einer falschen brust. nicht genug
feuer steckte darin. das mond-abc verriet den rest, un-
gewollt, hin oder her. mond, der sich zwischen uns abrieb,
tankte für einen langen winter voraus. die gelenke verwandelten
die jahreszeiten in stunden, stühle in staub, dein bett
in einen begrünten parkplatz vorm haus. und dich
in ein triviales dreieck aus moos, stein, harz.
das zimmer wurde von stille gerührt,
weinte sich aus. im stillen: ruhe,
dann applaus.

1.

berge rufen ihre vogelschwärme zurück. die lieben vögel,
auf dem weg zum erdkern, verflüssigen sich zu einer masse.

du fliegst mit ihnen, du hast das geübt, hast deine ohren
in den nordwind gehalten bis zur mittelohrentzündung.

hast dein wappen an europa abgeglichen, es war nur
mit tundra vereinbar. liebe erdkernvögel, euer verderben

kennt kein aggregat, vor den bergen zählt alles nichts.
abstumpfen der flügel, abstumpfen der schnäbel

vor dem körper des höchsten bergs. rasende wut der ruhe,
ohne ertrag. europa wird sterben, von schwärmen erfasst.

die berge werden ihre klagerufe nach innen richten.
wo wirst du sein, wenn deine ohren niemandem nützen?

du wirst dich fragen, wozu alles, denn die vögel verwandeln sich
seit jahren in geschosse, ohne dich zu treffen. seit jahren

schmelzen die berge in ihre täler hinein. wie nennt man
flüssiges eis? terra, die starke, das beben, terra, der schwarm.

2.

thea beim duschen, wäscht ihre bedeutungen. draußen
meine mutter und ich, beurteilen einfache begriffe
wie duschkopf, zittern, boiler, seife. plötzliche haut.
sommer ist um, frieren: gewohnheit, verständlich.

hast du koinzidenzen bemerkt zwischen wasser, gefühlen, unbeholfenem strampeln?
du verstehst zeit als abwesenheit von wohnraum. du bewohnst einen traurigen käfer.
ein verfluchter himmel windet sich unter seinem panzer, knapp über der erde

windet sich dein körper. wie schrecklich ist das? wie erbaulich würde es sein,
wenn du endlich deine hände auf den tisch lägest? nicht weinen, die armaturen
hinter theas rücken werden es dir danken. meine mutter liest todesanzeigen

in einer apothekenzeitschrift. ich bin einsam, deswegen
vielleicht nützlich. thea trocknet sich ab. hinter dem fenster
kreisen bürger um ihre gedankenlandschaft, verblöden
als käferkolonie. der käfer dreht sich, thea kommt raus.

3.

gegen sich selbst einen dreizack zu richten und engelschor.
striemen auf einem zaun, von nichts hinterlassen. taschen
in meiner jacke, besser tasche. sieben gesetze vom fallen in einen wind.
ich atme absurde raumweiten. ich spreche von tagen,
die tage sind. welche fliegen umkreisen dich? des mädchens, des alphabets,
des runden kreises. zeichnung der szene: Ø.
wenn du eine luftröhre aufschneidest, wirst du mit glück
ein bild darin erkennen. träge welle, ebenen abgelagerten meers
– ihr schlecht beratenes salz – in denen unwelt wuchert.
trucks. daneben ich, in einem kleinen auto, du bittest mich auszusteigen.
in deinen augen sehe ich endlich einen blick, den ich kenne.
meine jacke ist nass. wieder auftauchender dreizack.
warum sind die strähnen des dreizacks so rissig? warum
sein magnetisches rufen so hoch?
meine tochter ist der tag, meine mutter ist arbeitslos,
ich platze von der ästhetik der moderne. trieb mich ein wind aufs dorf?
nein. trieb er dich zu mir? ¬.
er trieb um zwei köpfe, die wirkten wie flüchtige monde,
sie verstanden einander ohne absicht als karten. nach kürzeren tagen.
nach kürzeren tagen. dies soll sein mein bericht vom schlafen,
dies soll sein mein schwächerer fuß, mein asbest, meine taube,
mein fell, meine linke abstraktion, mein kontakt nach oben,
mein schnupftuch. im handschuhfach ein achtsam gefaltetes foto
mit einem versprechen auf inhalt. ich weiß nichts zu sagen,
außer: bäume haben die berge längst überwachsen.
die erde, im moment, als sie sich als mittel begriff,
hielt sich zurück und wurde bevölkert. schiffe fuhren auf wasser,
hinterließen wasser. ich winkte am ufer in deine richtung, ohne ahnung
von deinem aufenthalt. meine finger wurden rot. mai. schnee.
planeten wissen um ihre existenz, niemand wird das bestreiten.
du wirst am ufer stehen, taschen voller minerale, ruhig,
erstarrt vom blick auf unausweichliche gezeiten.

FLUT

EBBE

SICH UMDREHN IM TRAUM

AMPHOREN

SICH AUF DER FLUCHT UMDREHEN

PFLANZENFAMILIEN

SANDFAMILIEN

THEAS ENDE

Yevgeniy Breyger wurde 1989 in der Ukraine geboren. 1999 siedelte seine Familie nach Magdeburg über. Er studierte Literarisches Schreiben in Hildesheim und am Deutschen Literaturinstitut Leipzig. 2011 gewann er den Selma Meerbaum-Eisinger Literaturpreis, 2012 war er Finalist beim 20. Open Mike in Berlin. Seine Gedichte wurden in Zeitschriften und Anthologien veröffentlicht. Yevgeniy Breyger lebt in Frankfurt am Main. „flüchtige monde" ist sein erster Einzelband.

Foto: © Dirk Skiba

00-7 Daniel Falb **die räumung dieser parks**
03-8 Steffen Popp **Wie Alpen**
04-5 Ron Winkler **vereinzelt Passanten**
14-4 Gerhard Falkner **Gegensprechstadt – ground zero** + CD Music by David Moss
16-8 Uljana Wolf **kochanie ich habe brot gekauft**
18-2 Hendrik Jackson **Dunkelströme**
22-9 Tom Schulz **Vergeuden, den Tag**
23-6 Monika Rinck **zum fernbleiben der umarmung**
27-4 Christian Schloyer **spiel • ur • meere**
29-8 Sabine Scho **Album**
30-4 Christian Hawkey **Reisen in Ziegengeschwindigkeit**
34-2 Sabine Scho **farben**
35-9 Steffen Popp **Kolonie Zur Sonne**
37-3 Monika Rinck **Helle Verwirrung & Rincks Ding- und Tierleben**
38-0 Uljana Wolf **falsche freunde**
39-7 Daniel Falb **BANCOR**
41-0 Martina Hefter **Nach den Diskotheken**
42-7 Matthea Harvey **Du kennst das auch**
43-4 Alexej Parschtschikow **Erdöl**
44-1 Alexander Gumz **ausrücken mit modellen**
45-8 Mathias Traxler **You're welcome**
46-5 Daniela Seel **ich kann diese stelle nicht wiederfinden**
47-2 Michael Palmer **Gegenschein**
49-6 Monika Rinck **Honigprotokolle**
50-2 Dagmara Kraus **kummerang**
51-9 Gerhard Falkner **Pergamon Poems** + DVD 5 Gedicht-Clips von C. Lieb & F. v. Boehm
52-6 Hendrik Jackson **Im Licht der Prophezeiungen**
53-3 Christian Hawkey / Uljana Wolf **SONNE FROM ORT**
54-0 Steffen Popp **Dickicht mit Reden und Augen**
55-7 Martina Hefter **Vom Gehen und Stehen. Ein Handbuch**
56-4 Tristan Marquardt **das amortisiert sich nicht**
57-1 Uljana Wolf **meine schönste lengevitch**
60-1 Ulf Stolterfoht **neu-jerusalem**
61-8 Katharina Schultens **gorgos portfolio**
62-5 Karla Reimert **Picknick mit schwarzen Bienen**
63-2 Farhad Showghi **In verbrachter Zeit**
65-6 Rike Scheffler **der rest ist resonanz**
66-3 Linus Westheuser **oh schwerkraft**
67-0 Rozalie Hirs **gestammelte werke**
69-4 Sonja vom Brocke **Venice singt**
70-0 Dagmara Kraus **das vogelmot schlich mit geknickter schnute** zweiundzwanzig elfzeiler
71-7 Daniel Falb **CEK**
72-4 Christian Filips / Monika Rinck / Franz Tröger **Lieder für die letzte Runde** CD
73-1 Daniela Seel **was weißt du schon von prärie**
77-9 Martina Hefter **Ungeheuer.** Stücke / Gedichte
78-6 Yevgeniy Breyger **flüchtige monde**

Gestaltung: Andreas Töpfer | Gesetzt aus der Akzidenz-Grotesk Next
Druck & Bindung: Steinmeier, Deiningen | Printed in Germany | 978-3-937445-78-6